ASSOCIATION NATIONALE FRANÇAISE
POUR LA
PROTECTION LÉGALE DES TRAVAILLEURS

SIXIÈME SÉRIE : N° 4

LE
TRAVAIL DE NUIT DES ENFANTS
dans les Usines à feu continu

RAPPORT DE M. L'Abbé LEMIRE

Compte rendu des Discussions. — Vœu adopté.

PRIX : 1 fr.

PARIS

FÉLIX ALCAN, ÉDITEUR
LIBRAIRIES FÉLIX ALCAN & GUILLAUMIN réunies
BOULEVARD SAINT-GERMAIN, 108

Librairie de la Société du Recueil J.-B. Sirey
et du Journal du Palais
Ancne Mon L. Larose et Forcel
22, RUE SOUFFLOT, PARIS, Ve
L. LAROSE & L. TENIN, Directrs

1911

ASSOCIATION NATIONALE FRANÇAISE
POUR LA
PROTECTION LÉGALE DES TRAVAILLEURS

SIXIÈME SÉRIE : N° 4

LE
TRAVAIL DE NUIT DES ENFANTS
dans les Usines à feu continu

RAPPORT DE M. L'Abbé LEMIRE

Compte rendu des Discussions. — Vœu adopté.

PRIX : 1 fr.

PARIS

FÉLIX ALCAN, ÉDITEUR

LIBRAIRIES FÉLIX ALCAN & GUILLAUMIN réunies

BOULEVARD SAINT-GERMAIN, 108

Librairie de la Société du Recueil J.-B. Sirey
et du Journal du Palais
Anc^{ne} M^{on} L. Larose et Forcel
22, RUE SOUFFLOT, PARIS, V^e
L. LAROSE & L. TENIN, Direct^{rs}

1911

COMITÉ DIRECTEUR DE L'ASSOCIATION

Paul CAUWÈS, professeur à la Faculté de Droit de l'Université de Paris, président honoraire de l'Association.

A. MILLERAND, député, ancien ministre du Commerce, président.

Éd. BRIAT, secrétaire général du Syndicat des ouvriers en instruments de précision, membre du Conseil supérieur du travail et de la Commission supérieure du travail dans l'industrie, vice-président.

A. LIÉBAUT, ingénieur, membre du Comité consultatif des arts et manufactures et de la Commission supérieure du travail dans l'industrie, vice-président.

Raoul JAY, professeur à la Faculté de Droit de l'Université de Paris, membre du Conseil supérieur du travail, secrétaire général.

Léon de SEILHAC, publiciste, délégué permanent du service industriel et ouvrier du *Musée social*, trésorier.

Georges ALFASSA, ingénieur civil, E. C. P.

Louis BARTHOU, député, ministre des Travaux publics.

Adéodat BOISSARD, professeur à la Faculté libre de Droit de Paris.

François FAGNOT, enquêteur à l'*Office du travail*.

Arthur FONTAINE, directeur du Travail au Ministère du Travail et de la Prévoyance sociale.

Arthur GROUSSIER, député.

Auguste KEUFER, délégué permanent de la Fédération française du Livre.

Abbé LEMIRE, député.

André LICHTENBERGER, directeur-adjoint du *Musée social*.

Henri LORIN, ancien élève de l'École Polytechnique, membre du Comité de perfectionnement du Collège libre des Sciences sociales.

Étienne MARTIN-SAINT-LÉON, bibliothécaire du *Musée social*.

Comte A. de MUN, député.

G. PERREAU, ancien député, professeur à la Faculté de Droit de l'Université de Paris.

Eug. PETIT, docteur en Droit, ancien chef du cabinet du ministre du Commerce.

Paul PIC, professeur à la Faculté de Droit de l'Université de Lyon.

Ivan STROHL, industriel.

Edouard VAILLANT, député.

Richard WADDINGTON, sénateur.

SIÈGE SOCIAL : **8, rue Las-Cases, PARIS**

LE TRAVAIL DE NUIT DES ENFANTS
dans les Usines à feu continu

Séance du 15 Juin 1910

PRÉSIDENCE DE M. HENRI LORIN

M. LE PRÉSIDENT. — La séance est ouverte, je donne la parole à M. l'abbé Lemire, qui va vous donner connaissance de son rapport.

M. l'abbé LEMIRE. — De quel travail s'agit-il ? Que faut-il entendre par enfants ? Que faut-il entendre par usines à feu continu ? Quelle est, sur cette question, la législation française ? Quelles sont les objections des techniciens et pourquoi faut-il une législation internationale ? Voilà à peu près les idées principales de ce rapport.

Quand nous parlons d'enfants, il s'agit d'enfants âgés de moins de dix-huit ans ; d'après la loi française, c'est ainsi qu'est défini l'enfant par rapport au travail industriel.

Que faut-il entendre par travail de nuit ?

Le travail de neuf heures du soir à cinq heures du matin, c'est la nuit telle qu'elle a été définie dans la loi française.

Enfin, il s'agit uniquement, dans ce rapport, du travail des enfants dans les usines à feu continu ; il s'agit, par conséquent, d'un travail exceptionnel, anormal. Le travail dans les magasins, dans les établissements commerciaux, dans les fermes, ainsi que le travail à domicile ne rentrent pas dans notre étude.

Pour avoir des documents, il n'est pas nécessaire de sortir de notre Association internationale pour la protection légale du travail. Si vous allez à sa bibliothèque, vous y trouverez les meilleurs renseignements :

1° Le compte rendu du Congrès de Genève, en 1906, où la question fut traitée à fond, et la solution fut radicale, c'est-à-dire en faveur de la suppression complète du travail de nuit dans les usines à feu continu.

2° Le rapport excellent de M. Fagnot ; je ne sais pas si M. Fagnot est ici.

M. LE PRÉSIDENT. — Le voilà précisément.

M. l'abbé LEMIRE. — C'est lui qui a fait le travail le plus complet, le plus méthodique et je pourrais dire le plus technique sur cette question, en 1908. C'était, n'est-ce pas, Fagnot, en vue du Congrès de Lucerne. Venez donc près de nous, vous serez la lumière de nos débats.

Après le rapport que vous avez fait en vue du Congrès de Lucerne, il faut mentionner la discussion même de ce Congrès, qui se trouve aussi à la bibliothèque. En 1909, nous avons à signaler un rapport très court, très substantiel et très méthodique aussi de M. Lévêque, inspecteur du travail dans le département du Nord.

C'est M. Aftalion, que j'aperçois ici, qui a fait inscrire la question à l'ordre du jour de l'Association de Lille.

Nous avons aussi, Messieurs, de très nombreux articles de M. Jay dans divers journaux. Vous comprendrez bien que M. Jay ne laisse jamais passer une occasion pour fulminer contre le travail des enfants dans les usines à feu continu : c'est lui qui m'a soutenu constamment chaque fois que j'ai fait une motion quelconque ; c'est lui qui a provoqué un écho favorable dans la presse.

Il nous reste enfin une thèse de M. Malauzat, avocat ; thèse qui fut soutenue l'année dernière, le 5 juin 1909, et où l'on trouve réunis presque tous les matériaux nécessaires à l'étude du problème.

Puis-je ajouter à cette énumération le discours que j'ai prononcé moi-même, le 12 janvier 1910, en proposant, durant la discussion du budget du travail, un projet de résolution qui fut adopté par la Chambre, — je dirai tout à l'heure dans quelles conditions — et la proposition de loi que j'ai déposée le 18 février dernier, et que j'ai reprise dans la présente législature ?

Il y a, en dehors de cela, beaucoup de documents que vous pourriez parcourir ; j'indique ceux que j'ai consultés moi-même ; je crois, d'ailleurs, que ceux qu'on peut y ajouter sont plutôt des productions littéraires. En même temps que l'on agitait la question, soit à la Faculté de droit, soit à l'Association pour la protection des travailleurs, on saisissait l'opinion publique par le livre et le théâtre ; on peut dire qu'à l'heure actuelle la question est posée au théâtre par la pièce qui se joue à l'Ambigu : *Bagnes d'enfants*.

Le travail de nuit des enfants dans les usines à feu continu doit être examiné à trois points de vue : 1° au point de vue légal ; 2° au point de vue technique ; et 3° au point de vue international.

***

Au point de vue légal, c'est-à-dire de la loi française, que trouvons-nous sur le travail des enfants ?

La loi qui le règle est la loi organique du 2 novembre 1892. Elle concerne exclusivement le travail industriel, et non pas tout travail quelconque. Dans cette loi il y a un article 4 qui, en principe, interdit le travail de nuit pour la femme et pour les enfants dans tous les établissements industriels, mais dans les établissements industriels seulement, et ils sont définis par une énumération très précise : usines, manufactures, mines, carrières, minières, chantiers, ateliers et leurs dépendances de quelque nature que ce soit ; que ce soient des établissements publics ou privés, laïques ou religieux, du moment qu'ils sont industriels, en principe, le travail de nuit y est interdit, pour les femmes et pour les enfants.

Je ne m'occupe aujourd'hui que des enfants.

Mais il y a une exception à cette règle. C'est l'article 6 : « Néanmoins, dit-il, les femmes majeures et les enfants du sexe masculin peuvent être employés tous les jours de la semaine, la nuit, aux travaux indispensables, sous la condition qu'ils auront au moins un jour de repos par semaine. Les travaux tolérés et le laps de temps pendant lequel ils peuvent être exécutés seront déterminés par un règlement d'administration publique ».

C'est l'introduction de cet article 6 dans la loi du 2 novembre 1892 qui a été la porte ouverte à toutes les dérogations dont on se plaint amèrement à l'heure actuelle.

Il faut reconnaître que, si cette porte a été ouverte par la loi française, c'est à l'imitation des lois étrangères, et sur les réclamations incessantes de nos industriels qui sont venus dire aux législateurs, quand il s'est agi du travail dans les usines à feu continu : « Si vous proscrivez absolument l'emploi des enfants, nous ne pourrons pas lutter contre la concurrence ; nous ne pourrons pas former des apprentis dans nos usines parce qu'il y a certains travaux qui se font la nuit et auxquels l'enfant doit être initié. Par conséquent, c'est l'intérêt de l'avenir que nous vous prions de sauvegarder. »

Voilà donc les deux raisons fondamentales : la concurrence étrangère et la nécessité de l'apprentissage, et c'est à cause de ces deux réclamations des industriels que l'article 6 fut voté.

On laissa au ministre le soin de déterminer quelles industries pourraient profiter de ces dérogations, quel genre de travail serait permis, et quelles seraient les conditions dans lesquelles il serait toléré.

Le règlement d'administration qui devait préciser ces trois points fut publié le 15 juillet 1893.

Il énumère les industries : il y en a huit.

Il définit les travaux permis et il exclut ceux qui seraient d'une fatigue excessive pour des enfants de moins de dix-huit ans ; il réclame pour eux des conditions qui ne sont pas exigées pour les travailleurs adultes : un jour de repos, une durée de travail qui n'excède pas dix heures ; des interruptions de travail pendant la nuit.

Bref, tout cela est très bien précisé ; mais, malgré tout, à l'heure actuelle, les réclamations arrivent de toutes parts.

C'est par sentiment que je fus amené moi-même, à Genève, à prendre en mains la défense des enfants. Je n'étais pas un technicien. Mais je trouvai qu'*a priori*, et par préoccupation d'humanité, un chrétien et surtout un prêtre doit répéter le mot de l'Evangile : « Laissez venir à moi les petits enfants, et ne les abandonnez pas au monstre industriel qui les dévore ! »

Laissez-les venir à nous qui sommes soucieux de l'intérêt, de la morale, de la vie de ces pauvres petits êtres, défendons-les, et n'ayons ni repos, ni trêve que lorsque nous les aurons sauvés.

J'avais été fortement ému par M. Jay, qui m'entraîne assez souvent, quelquefois un peu plus loin que je ne voudrais aller.—Mais, cette fois, je ne regrette pas de l'avoir suivi dans son audace.

J'ai défendu, à Genève, la thèse absolue de la suppression radicale du travail de nuit par sentiment d'abord, puis je me suis attaché à cette réforme, et c'est pourquoi, au mois de janvier dernier, profitant de la discussion du budget du travail, j'en ai parlé devant la Chambre.

La question que j'ai posée à ce moment-là est celle-ci : « Peut-on supprimer le travail de nuit uniquement par mesure administrative, c'est-à-dire en vidant l'article 6 de toutes les exceptions qui y sont contenues ? — Oui, ai-je répondu ! » Et, me tournant vers le Ministre du Travail, je lui ai dit : « Monsieur le Ministre, vous avez le droit, par un règlement, de dire quelles sont les industries qui profiteront du travail des enfants, c'est vrai ; mais vous pouvez aussi faire un règlement où vous soustrairez une à une à ce travail toutes les industries actuellement privilégiées. Il y en a huit, enlevez-en une aujourd'hui, deux demain, trois autres ensuite, et puis l'année prochaine encore une et, finalement, il n'y en aura plus et l'abus cessera ».

C'était une manière de procéder qui paraissait assez habile. Je m'y étais arrêté dans le projet de résolution que j'avais rédigé d'après des indications fournies par l'Association locale de Lille (Section du Nord de l'Association pour la protection légale des travailleurs).

Cette Association, ayant mis à son ordre du jour l'examen de la question, avait abouti à la conclusion suivante : « Sans faire appel aux législateurs, on peut très bien, en France, supprimer une à une les exceptions qui existent, en faveur du travail de nuit des enfants ».

M. Aftalion et M. Lévêque, membres de l'Association

lilloise, nous ont envoyé des rapports qui m'ont vivement impressionné. J'ai vu que ces Messieurs, en exami-
nant de près les exceptions existantes, en étaient arrivés à
constater que sur huit industries énumérées, il y en avait
certainement six qu'on pouvait rayer immédiatement du
décret : les distilleries de betteraves, les fabriques
d'objets en fer et en tôle émaillée, les usines d'extraction
des huiles, les papeteries, les fabriques et les raffineries
de sucre.

Dans ces six catégories d'industries, en effet, ou bien il
y a très peu d'enfants employés, ou bien on peut les
remplacer par des engins mécaniques, des transporteurs
et autres inventions. En outre, les patrons eux-mêmes ne
seraient pas fâchés de supprimer les enfants à cause des
complexités que leur présence occasionne dans l'usine ;
quand il y a des enfants mélangés avec des grandes personnes, l'ensemble du personnel ne peut travailler que
dix heures ; de plus, on est obligé d'accorder le repos
dominical, enfin on doit établir des interruptions
momentanées ; tout cela est très compliqué, et si, par
malheur, l'inspecteur du travail passe, neuf fois sur dix il
constate que toutes ces conditions sont méconnues. Le
plus simple serait donc de supprimer le travail des
enfants dans ces six espèces d'industries.

Telle a été la conclusion de ces Messieurs de Lille, à
cause du petit nombre d'enfants, à cause de la facilité de
les remplacer, à cause des embarras que leur présence
amène dans l'industrie.

Restaient les usines métallurgiques et les verreries. Là
ils toléraient le travail. Mais ils avaient bien soin de supprimer une partie des besognes auxquelles les petits
enfants sont admis ; ils ne maintenaient leur concours
que dans les travaux pour lesquels il paraissait démontré que les enfants sont irremplaçables.

Les conclusions de l'Association de Lille, je les ai apportées à la tribune le 12 janvier dernier, et je les ai formulées dans le projet de résolution suivant :

« La Chambre invite le Gouvernement à étudier la modification de l'article 4 du décret du 15 juillet 1893 sur le travail de nuit des enfants en vue de décider que, dans les usines à feu continu, où des enfants du sexe masculin sont employés la nuit, les travaux tolérés, pour cette catégorie de travailleurs, seront les suivants :

Usines métallurgiques : Aider aux travaux accessoires de laminage et de martelage.

Verreries : 1° Verreries à vitres : présenter les outils, faire les premiers cueillages, aider au soufflage, porter dans les fours à recuire, en retirer les objets ; 2° verreries à bouteilles : présenter les outils, faire les premiers cueillages, aider au soufflage. »

M. Viviani avait bien dit : « J'accepte », mais, dans les couloirs, on fit de l'opposition, et les comités techniques de son propre ministère déclarèrent « que c'était une rude besogne qu'on allait leur imposer, qu'ils allaient être assiégés de réclamations de toute espèce. »

Je comprenais fort bien leur opposition et leur répugnance.

Il est bien certain que, si un papetier occupe des enfants en plus grand nombre que son voisin et qu'avec cela il puisse gagner plus d'argent, il viendra réclamer dans les bureaux administratifs, et les harcèlera jusqu'à ce qu'il obtienne le *statu quo*.

C'est pourquoi le Ministre du Travail m'ayant dit : « J'ai besoin de consulter le Comité des Arts et Métiers et de voir ce qu'il dira, mais, en principe, vous avez raison », je sentis immédiatement que je pourrais bien avoir tort en fait et en pratique.

Craignant donc que, même après un vote de la

Chambre en faveur de mon projet de résolution qui limitait les travaux tolérés aux usines métallurgiques et aux verreries, ce projet ne fût ballotté de bureau en bureau et, finalement, oublié, négligé ou rejeté, j'eus recours à un procédé plus expéditif. La voie législative est plus courte et plus sommaire que la voie administrative.

Je déposai donc au mois de février dernier un projet de loi dans lequel je demandai carrément la suppression de toutes les exceptions. Immédiatement, l'émotion fut grande, et je reçus des réclamations énergiques de la part des industriels intéressés. Ils multipliaient les objections d'ordre technique.

Après vous avoir exposé la situation au point de vue de la loi actuelle des règlements d'administration publique en vigueur et des projets à l'étude, je suis donc obligé de signaler à l'assemblée quelques-unes de ces réclamations techniques que font les industriels intéressés dans la question.

Je ne suis pas étonné que notre collègue Fagnot, ayant été sur place pour voir et entendre ces Messieurs, soit revenu avec deux choses : une hotte de documents et un grand embarras pour y voir clair.

M. Wagret, dont M. Fagnot a visité l'usine à Escaupont et Fresnes, m'écrivit une lettre un peu sentimentale et qui vise surtout ce que j'avais dit sur les « bagnes d'enfants ». Il dit que les industriels, si l'on considérait leurs usines comme des bagnes, seraient à bon droit froissés et humiliés.

J'avais peut-être été un peu vif dans mon discours, en parlant des petits Italiens expédiés en France par des marchands d'enfants qui les mettent bon gré mal gré dans les établissements les plus malsains. J'avais excité dans la Chambre une émotion que j'avais moi-même en faisant un tableau des prêtres trop crédules qui acceptent de toutes mains les circulaires de certains industriels et qui leur envoient en toute confiance des petits enfants. Je crois ne pas avoir eu tort ; j'avais une sorte de pressentiment — il faut obéir aux pressentiments, les gens qui ne suivent que la raison arrivent en retard sur l'ambiance — j'avais comme le pressentiment qu'un de ces quatre matins, on allait nous jeter à la tête un curé trompé, et que celui qui livre un enfant dont il est le maître dans un patronage ou un orphelinat à un industriel qui le lui demande, est un traître à l'humanité, s'il ne prend pas toutes sortes de précautions pour le défendre.

Les industriels me reprochèrent d'avoir fait un tableau trop noir de ce que je connaissais trop peu ; ils déclarèrent qu'ils ne négligeaient rien ni pour la morale, ni pour l'hygiène.

Je sais bien qu'il y a des industriels excellents ; je sais bien que, lorsque nous formulons une plainte ou un reproche, nous devrions les faire précéder de toutes sortes de réserves et d'exceptions, mais l'exception n'est pas la règle.

M. Wagret m'écrit une lettre d'énergique rectification. Mais je n'y vois guère qu'une chose, l'expression de sa bonne volonté et de son désir de bien faire.

Il y a cependant une observation d'un autre ordre et que je retiens : « Vouloir abolir, dit M. Wagret, tout travail de nuit en verrerie, équivaudrait à décréter la fermeture de toutes les usines, pour le plus grand profit de nos concurrents voisins, les Belges, déjà privilégiés sur nous, qui payons la main-d'œuvre, pour ne parler que des salaires, 40 à 50 % plus cher. »

Cette observation de M. Wagret mérite qu'on s'y arrête et nous en parlerons tantôt.

MM. Mulat et Legrand, industriels à Fourmies, entrent dans d'autres détails plus techniques.

Il en ressortirait que, pour la fabrication des bouteilles dites « Champenoises », il serait impossible de remplacer les enfants par des transporteurs mécaniques.

M. FAGNOT. — C'est vrai, dans l'état actuel de l'outillage.

M. LEMIRE. — D'après eux, la distance est trop grande ou bien le refroidissement est trop brusque.

Donc, deux catégories d'objections : d'une part, difficulté d'ordre pratique, tenant à la fabrication ; d'autre part, difficulté d'ordre économique, tenant à la concurrence internationale.

Je retiens surtout la seconde.

Si nous pouvions faire en sorte que la concurrence étrangère ne pesât point profondément sur le marché industriel français, nous aurions fourni à la solution de la question un élément très important.

En ce qui concerne la difficulté pratique, je m'en rapporte au rapport de M. Fagnot. Je crois qu'au fond, il n'y a pas d'impossibilité à remplacer les enfants.

J'oubliais de vous signaler une lettre très importante au point de vue des difficultés industrielles.

Elle est de M. Saucourt-Harmel, verrerie de Laignelet, près Fougères (Ille-et-Vilaine). Cette lettre m'est arrivée par l'intermédiaire de mon collègue M. Lefas, député.

CHER MONSIEUR L'ABBÉ,

J'ai suivi avec un vif intérêt votre récente intervention à la Chambre pour la suppression du travail de nuit des enfants. Cette question m'intéresse d'autant plus que je suis, depuis trois ans et demi, aux verreries de Laignelet...

Chez nous, le travail de nuit n'existe pas, ni pour les enfants, ni pour les ouvriers ; nous avons le repos hebdomadaire du dimanche ; nous l'avions d'ailleurs bien avant la promulgation de la loi.

Vous voyez que nous sommes les amis du progrès social. Mais nous avons à lutter contre des concurrents moins consciencieux qui ne connaissent pas le repos hebdomadaire et qui pratiquent d'une façon régulière le travail de nuit. Ces concurrents ont sur nous un réel avantage industriel qui nous met en infériorité notable au point de vue du prix de revient, puisque les fours de verrerie consomment toujours la même quantité de charbon, qu'on utilise le verre ou non.

C'est donc vous dire que nous sommes complètement avec vous, tant au point de vue du progrès social que de la défense des industriels qui, comme nous, pratiquent leur devoir.

Veuillez agréer, cher Monsieur l'Abbé, avec l'assurance de ma vive admiration pour votre belle campagne, l'expression de mes sentiments très dévoués.

A. Saucourt-Harmel.

Je résume les avis de Messieurs les techniciens.

Les uns nous disent : « On peut dans certaines usines supprimer le travail de nuit pour tout le monde. »

D'autres : « On peut remplacer les enfants par des transporteurs mécaniques. »

D'autres : « On peut remplacer les enfants par des ouvriers un peu âgés qui ne peuvent plus faire la besogne d'un ouvrier complètement valide, mais qui peuvent très utilement remplacer l'enfant ».

D'autres enfin : « On peut travailler dans les usines à feu continu — et je crois que c'est une des solutions les plus intéressantes — on peut travailler à trois équipes par vingt-quatre heures, au lieu de deux ; cela ferait trois équipes de huit heures (trois fois huit, vingt-quatre). Les équipes qui travailleraient pendant la nuit ne renfermeraient pas d'enfants, ceux-ci travailleraient uniquement dans les deux équipes de jour et feraient ainsi l'apprentissage des travaux indispensables auxquels ils devraient être initiés, mais ils le feraient dans de meilleures conditions qu'ils ne le font aujourd'hui. »

Voilà différentes considérations d'ordre professionnel qu'on fournit à propos du travail de nuit dans les usines à feu continu. Elles me paraissent très importantes, car elles suggèrent trois solutions distinctes : ou la suppression radicale du travail de nuit ; ou la suppression des enfants et leur remplacement par des machines ou des hommes faits ; ou la modification des équipes, de façon à ce que les enfants puissent être occupés dans les équipes de jour et ne plus l'être dans les équipes de nuit.

Reste cependant toujours la question de la concurrence internationale.

Elle est particulièrement à craindre sur le verre et sur le fer, produits qui se font partout et dont le prix est fixé par le marché international.

Nous avons bien fait quelque chose pour protéger nos industries françaises. Dans les récents tarifs de douanes, des articles spéciaux concernent le fer et le verre. En nous appuyant sur ces tarifs, est-il possible de demander à nos industriels des sacrifices qui en seraient pour ainsi dire la conséquence et le rachat ?

Est-il prouvé que le relèvement des droits suffit pour compenser la perte dont ces Messieurs se plaignent, lorsqu'on leur parle de remplacer les enfants par des ouvriers adultes ?

Je n'ai pas sous la main les chiffres qui permettent un calcul.

Reste le point de vue international.

***

Le travail de nuit des enfants est donc de la compétence directe de l'Association internationale pour la protection légale des travailleurs. Il faut rendre à notre Association cette justice que c'est elle qui a posé la question devant l'opinion européenne. Dès 1902, elle s'est intéressée à la question du travail de nuit des femmes et des enfants.

Sur le premier point, elle a abouti ; elle a obtenu satisfaction ; elle a obtenu la suppression du travail de nuit des femmes. Il paraît assez étrange qu'on ait d'abord pensé à protéger la femme et que l'on ne se soit occupé de l'enfant qu'en second lieu. Mais il y a une considération qui a été exposée dans nos rapports et qui a une importance primordiale ; c'est celle de l'apprentissage. On a dit : « Enlevez d'abord la femme à l'usine, c'est plus commode ; vous viendrez ensuite parler de l'enfant. » Pour lui, le problème est plus délicat, parce que c'est l'ouvrier de l'avenir. L'enfant doit être initié à la vie industrielle qui, tôt ou tard, sera la sienne, tandis que la femme ne devrait être dans l'industrie que l'exception. Plus tôt elle en sortira, mieux cela vaudra.

En supprimant le travail de nuit pour elle, on s'achemine vers la suppression de tout travail industriel.

Au mois de septembre 1906, à Genève, nous avons discuté à fond la question de la suppression radicale du travail de nuit des enfants ; l'assemblée nous a été très favorable, les conclusions, énergiquement soutenues par les Français et par les femmes qui étaient présentes, ont été adoptées : on décidait en principe la suppression du travail de nuit des enfants, mais il fallait organiser cette suppression.

C'est pourquoi on chargea chacune des sections de l'Association de préparer un rapport pour le Congrès de Lucerne.

Le Congrès de Lucerne eut lieu en 1908. Malgré vos conclusions, Monsieur Fagnot, vous n'avez pas triomphé. L'assemblée de Lucerne a reculé sur l'assemblée de Genève et, au lieu de décider définitivement la suppression radicale du travail de nuit des enfants, elle a renvoyé de nouveau la question à une Commission pour étude plus complète.

On a donc invité chaque section à faire de nouvelles enquêtes.

En réponse à cette invitation, l'Association de Lille s'est attelée à la besogne. Parmi toutes les sections françaises, il faut le dire à son honneur, elle eut la première l'audace d'aller de l'avant. Ses conclusions ont été relativement modérées, puisque ce sont celles que j'ai portées à la tribune, en demandant à M. Viviani de procéder par étapes et d'user du droit qu'il a de modifier les règlements d'administration publique, pour supprimer six industries sur huit et pour supprimer dans les deux autres un certain nombre de travaux.

Mais ce n'est pas suffisant, Messieurs. Il faut que nous arrivions à émouvoir et à convaincre l'Association internationale.

Hier, un député du Rhône, M. Godart, que vous connaissez tous et qui s'est particulièrement attaché à la proscription du travail de nuit, m'a dit qu'il prendrait l'initiative et m'a prié de la prendre avec lui, de déposer un projet de résolution invitant le Gouvernement français à provoquer une conférence internationale pour l'étude et la solution du problème qui nous occupe. Cette conférence, analogue à celle qui s'est tenue à Berne, aurait pour mission spéciale de compléter ce qui a été fait à Berne pour les femmes, en y ajoutant la suppression du travail de nuit des enfants. Je livr ce projet de M. Godart à votre attention à tous Messie   les Membres de l'Association. Vous nous direz si cette façon de procéder vous plaît et si elle peut aboutir à un résultat utile.

* * *

Ceci dit, je crois avoir exposé à peu près dans son ensemble la question. Quant à moi, je suis personnellement décidé à soutenir mon projet de loi tendant à la suppression radicale du travail de nuit des enfants.

Je tiendrai compte de toutes les observations qui me seront faites, surtout des observations d'ordre technique qui doivent avoir, en l'espèce, une importance considérable ; j'ai dit une importance considérable, mais non une importance capitale.

Je voudrais, pour l'honneur de la France, qu'elle soit la première parmi les nations de l'Europe à supprimer, dans sa loi, des exceptions qui sont la cause de toutes les réclamations et qui peuvent donner naissance à toutes sortes d'abus. Je n'en veux pour preuve que ce qui m'est arrivé hier.

Un de mes collègues du département du Nord est venu me dire : « Vous allez demander la suppression de toutes les exceptions du travail de nuit des enfants, mais vous ne savez donc pas que j'ai pour mission de demander l'élargissement de cette exception au travail de nuit des enfants ! Vous ne savez donc pas que je suis chargé par les émailleurs de demander que l'on autorise le travail de nuit des enfants pour l'industrie de l'émail parce que ce travail est moins dangereux, moins pénible, moins difficile pour cette industrie que pour la métallurgie. »

Cette indication m'a vivement impressionné et je me suis dit : Il suffit donc de maintenir dans la loi française la faculté de faire des exceptions à l'interdiction du travail de nuit pour provoquer de toutes parts des demandes d'exceptions ! Il se produit une lutte jalouse entre industries plus ou moins similaires, où le travail des enfants est aussi malsain dans l'une que dans l'autre ou aussi intolérable dans l'une que dans l'autre. Le seul moyen de mettre un terme à cette exploitation de la main-d'œuvre infantile, c'est de la supprimer pour tous.

Ce jour-là nous aurons fait plus de justice et nous aurons établi entre les industriels plus de concorde qu'il n'y en a aujourd'hui. (*Applaudissements.*)

La question intéressait également un autre de mes collègues du Nord, M. Goniaux. Sur ses indications, j'ai télégraphié aux ouvriers verriers d'Aniche. Mais il est probable que ma dépêche est arrivée trop tard, sans quoi j'aurais eu des documents complémentaires concernant Aniche.

J'avais oublié de vous signaler tout à l'heure une communication de M. Lacroix, ingénieur, président du Syndicat des fabricants de papier de France. Je mets cette protestation à côté de celles de M. Mulat et de M. Wagret. J'en recevrai probablement encore beaucoup d'autres.

Je passerai pour un grand utopiste, mais cela ne fait rien. (*Rires.*) Je remplirai mon devoir en arrachant les enfants au travail de nuit. (*Applaudissements.*)

M. LE PRÉSIDENT. — La parole est à M. Fagnot.

M. FAGNOT. — Je voudrais d'abord remercier M. l'abbé Lemire pour les paroles si chaudes, si profondément humaines qu'il vient de nous faire entendre. Ce n'est, d'ailleurs, pas la première fois. Déjà, à la réunion internationale de Genève, en 1906, il a ardemment, éloquemment défendu la cause des enfants occupés la nuit dans les usines à feu continu.

Dans cette assemblée, la proposition de M. l'abbé Lemire, tendant à la suppression radicale du travail de nuit des enfants, eut pour résultat, après une discussion assez vive, la création d'une Commission internationale à laquelle M. l'abbé Lemire a fait allusion à diverses reprises. Cette Commission poursuit ses travaux et notre Association compte parmi ses membres deux délégués, M. Lorin et moi. Elle s'est réunie, en 1908, à Bâle, pour traiter la question qui nous occupe aujourd'hui. Je dois avouer qu'elle ne l'a pas résolue. Je dois même dire que les propositions de la section française, soutenues par vos délégués, y ont été accueillies plutôt fraîchement. Elles étaient pourtant très modérées, très sages, peut-être trop, aux yeux de MM. Lemire et Jay.

Mais j'aborde immédiatement la question sur le terrain de la législation française, c'est-à-dire celui sur lequel M. l'abbé Lemire s'est placé. Et je dois déclarer aussitôt, me rappelant les résultats de mon enquête de 1908, qu'il ne m'est pas possible d'admettre la solution simple et radicale de notre rapporteur, solution qui comporte la suppression absolue et complète de toutes les exceptions au régime légal du travail de nuit des enfants.

Je crois, avec la section de Lille de l'Association, que nous pouvons, sans causer aucun préjudice à l'industrie, demander la suppression pure et simple de cinq des exceptions prévues par le décret de 1893. La sixième exception vise la papeterie. Il s'agit de six ou sept cents enfants seulement, mais la question est déjà plus délicate. On peut, cependant, à mon avis, proposer la suppression de cette exception. C'est demander aux papeteries de France un effort incontestable, mais un effort possible, la papeterie n'étant pas, sauf exceptions, un article d'ex-portation.

Il reste à envisager les conséquences de la mesure proposée pour deux industries, la métallurgie et la verrerie, qui emploient à elles seules les 4/5 du total des enfants occupés la nuit, soit 5,000 chacune environ.

Pour ces deux industries, et surtout pour la seconde, la question ne peut pas être tranchée sans tenir compte de ce qui se passe dans les autres pays, au double point de vue du régime légal et des conditions de la concurrence. Pour ces deux industries, la question est internationale et, pour ce motif, je ne puis demander la suppression, par la loi française, du travail de nuit des enfants.

En ce qui concerne la métallurgie, il y a lieu d'admettre, comme le propose notre section de Lille, une exception, en la limitant aux travaux accessoires de laminage et de martelage.

On peut même se demander si, pour le martelage, l'exception est indispensable.

Au cours de mon enquête, un grand industriel du Nord a réfuté l'argument que m'avait donné un ingénieur sur la question des marteaux-pilons.

L'ingénieur avait prétendu que la présence des enfants est indispensable pour actionner les marteaux-pilons, parce que, étant donné leur âge, ils ont plus de dextérité, ils se plient mieux à la régularité nécessaire du marteau-pilon. Cet argument technique m'avait beaucoup frappé. L'industriel auquel je fais allusion, qui occupe de nombreux enfants, m'a déclaré : « C'est une pure fantaisie. Le bon sens suffit à résoudre la question. Les enfants ont, en effet, plus de souplesse, plus de dextérité, mais ils sont plus légers, moins attentifs et, par suite, beaucoup plus irréguliers, surtout dans une période de travail de quatre et cinq heures. C'est une question d'argent, il n'y en a pas d'autre, me dit-il, et si vous pouvez résoudre le problème de la concurrence, nous n'aurons rien à dire. De la part des patrons, une seule objection est valable : après la suppression du travail de nuit des enfants, nos prix de vente pourront-ils supporter la concurrence sur les marchés internationaux ? »

A l'assemblée de Lucerne, la question du martelage a été examinée.—Le rapporteur de langue allemande a déclaré que la suppression était possible pour ce genre de travaux. Il ne l'a pas demandée, parce que, actuellement, en Allemagne, le martelage n'emploie que des enfants de 16 ans et, d'autre part, la suppression pourrait entraîner leur remplacement par des enfants de 18 à 20 ans, qui seraient peut-être obligés de travailler constamment la nuit.

En résumé, si l'on veut demander à la loi française de faire l'effort maximum, on pourrait proposer la suppression du travail de nuit des enfants occupés aux marteaux-pilons. J'ai lieu de croire que les chefs de la métallurgie peuvent faire cette concession et que la plupart d'entre eux ne feraient pas, sur ce point précis, une opposition irréductible.

En ce qui concerne les laminoirs, la suppression de l'exception ne peut résulter, à mon avis, que d'une convention internationale.

Je voudrais indiquer, en passant, que les inspecteurs du travail interprètent d'une façon assez différente le décret du 15 juillet 1893, sur le point qui nous occupe. Le décret stipule, vous le savez, que la présence des enfants, la nuit, ne doit être tolérée qu'aux « travaux accessoires ».

Dans les usines métallurgiques du Nord de la France — où le service d'inspection fonctionne cependant d'une manière très satisfaisante — j'ai constaté que les enfants étaient occupés à des travaux que l'on peut considérer comme essentiels. D'une façon courante, dans les laminoirs de petites barres, les enfants n'ont pas seulement à porter la barre laminée hors du champ de laminage, mais ils la présentent aux profils successifs du train, ce qui me semble être un travail essentiel. Dans le Centre de la France, au contraire, le travail des enfants est limité au transport des barres hors du champ de laminage, ce qui me paraît plus conforme au texte légal.

Si je me résous, pour ma part, à maintenir dans la loi française l'exception en faveur des laminoirs, c'est uniquement, croyez-le bien, parce que la concurrence internationale et aussi l'organisation actuelle du travail ne me permettent pas d'aller plus loin. Pour dire toute ma pensée, je vois bien un moyen de supprimer dès maintenant, en France, le travail de nuit des enfants, mais ce moyen touche à l'organisation même du travail dans la métallurgie, où la journée de douze heures est encore malheureusement la règle générale. Je suis convaincu que le régime des trois équipes de huit heures chacune serait la solution du problème. Mais cette solution, qui est sans doute celle de demain, me paraît dépasser de beaucoup le cadre de notre sujet. Elle porte sur les adultes, plus que sur les enfants. Elle transforme, en réalité, l'organisation actuelle du travail. Pour ce motif, je ne puis ni la retenir, ni même l'envisager au point de vue légal. Ce sera l'œuvre d'avenir des travailleurs et de leurs syndicats, ce sera peut-être l'œuvre d'une législation internationale. De toutes façons, ce ne peut être l'œuvre de la loi, dans un seul pays.

Examinons maintenant la même question pour les verreries. Si le travail de nuit est dur pour les enfants dans la métallurgie, il est exténuant dans la verrerie. C'est vous dire combien il m'en coûte de ne pouvoir m'associer, sur ce point non plus, aux conclusions de M. l'abbé Lemire. Je dois reconnaître que si la voix du cœur devait être seule écoutée, il faudrait, dans cette industrie, interdire le travail des enfants non seulement la nuit, mais aussi le jour. Hélas ! nous en sommes loin. Tous les jours, en France, des centaines de jeunes filles travaillent, pendant la journée, dans certaines verreries où elles subissent les conditions de travail les plus détestables, et où elles sont exposées aux pires déchéances morales. Telle est la triste vérité. Nous devrons, un jour, signaler ce fait à l'opinion et demander au Parlement d'enlever radicalement aux industriels le droit de faire travailler dans les verreries, même pendant le jour, cet être charmant et délicat qu'est la jeune fille.

Quant aux jeunes garçons, tant que la technique n'aura pas fait des progrès, que j'appelle de tous mes vœux, il faut nous résigner à les faire travailler la nuit comme le jour. Je ne sais d'ailleurs pas si, pendant l'été, le travail de nuit n'est pas moins fatigant que celui du jour.

La main-d'œuvre infantile — qui se raréfie spontanément de plus en plus, d'ailleurs, — joue dans la verrerie un rôle si important et si nécessaire qu'il me paraît impossible, sous peine de compromettre l'industrie, d'aller plus loin que ne le propose notre section de Lille. Elle estime qu'il faut maintenir le *statu quo*, sauf en ce qui concerne le transport des bouteilles qui maintenant peut se faire mécaniquement. Nous sommes de cet avis, avec une réserve en ce qui concerne la fabrication des bouteilles dites champenoises, pour laquelle le transporteur mécanique ne peut pas jusqu'ici être utilisé.

Dans cette industrie, le législateur a le devoir strict d'interdire le travail des enfants, au moins la nuit, dès qu'un progrès technique le lui permet. Dans les verreries à bouteilles de fabrication ordinaire, le transporteur mécanique remplaçant presque tous les enfants, occupés à porter les objets au four à recuire, le décret ne doit plus tolérer ce travail la nuit. Dès qu'un autre progrès sera réalisé, la même interdiction devra s'ensuivre.

On fait en ce moment des expériences pour fabriquer la vitre mécaniquement, mais ce problème n'est pas encore résolu, ni au point de vue industriel, ni surtout au point de vue du prix de vente. Dès qu'il le sera, le décret devra interdire le travail de nuit des enfants, sinon des adultes, dans les verreries à vitre. Nous pouvons demander et obtenir cela de la loi française, mais, à mon avis, nous ne pouvons demander davantage que par voie d'une convention internationale qui égalisera les conditions de la concurrence.

Pour soutenir son projet d'interdiction du travail de nuit des enfants en France seulement, notre rapporteur a parlé d'établir un droit de douane. La mesure ne serait efficace que pour le marché intérieur. Or, la verrerie est un article d'exportation surtout, et, par suite, une taxe douanière serait inopérante.

Il serait tout à fait désirable, encore une fois, que notre pays pût, le premier, adopter la suppression du travail de nuit des enfants dans la verrerie. Il donnerait ainsi un bel exemple d'humanité. Malheureusement, dans l'état actuel de cette industrie, l'heure n'est pas encore sonnée. La mesure pourrait compromettre notre industrie verrière au bénéfice des autres Etats et spécialement de la Belgique, dont la concurrence est déjà difficile à soutenir.

M. Godard-Desmarest. — Permettez-moi, Messieurs, de vous présenter seulement quelques observations techniques sur la gobeleterie et la verrerie à bouteilles.

La première question qui se pose est de savoir la façon dont la verrerie est montée : travaille-t-on avec des fours à pots ou à bassin ?

Dans le premier cas, la fusion demandant un certain temps, on peut ne pas travailler d'une façon continue.

Dans le second, le travail de nuit est obligatoire par suite du mode de chargement et de la continuité de la fonte. C'est le cas de la majeure partie des verreries à bouteilles.

Vous me direz qu'en ne travaillant que le jour on n'aura pas la même production qu'avec le travail de nuit : ce serait exact si l'on avait constamment le personnel suffisant pour travailler le verre au fur et à mesure de la fusion, mais ce n'est pas le cas, la plupart du temps. Au point de vue économique, je ne pense pas que les verreries qui ont supprimé le travail de nuit aient à le regretter. J'en connais, pour ma part, qui sont plutôt plus prospères depuis la suppression du travail de nuit.

Dans le même laps de temps, la production du jour est supérieure à la production de nuit et de meilleure qualité.

Les services sont mieux organisés, la surveillance est plus facile. Le repos des ouvriers et des gamins en particulier, ayant lieu en temps normal, leur donne plus de résistance au travail ; l'entretien et la nouriture coûtent moins cher, etc., etc.

L'expérience prouve donc que le travail de nuit peut très bien être supprimé sans nuire à la prospérité des gobeleteries.

Au point de vue social, l'hésitation n'est pas permise.

Supprimer le travail de nuit dans la bouteille champenoise, est une question beaucoup plus complexe et délicate. Il n'y a pas actuellement de machine qui puisse fabriquer la bouteille champenoise convenablement. Je me suis intéressé vivement à la question, j'ai assisté à des expériences dans une verrerie à bouteilles champenoises et toujours nous avons constaté qu'il est absolument, matériellement impossible de supprimer, par la machine, le travail de nuit, d'une part, parce que la bouteille champenoise ne se fait plus qu'au four à bassin, et, d'autre part, le travail de l'enfant qui aide à la fabrication, porte la bouteille au four à recuire.

Il ne faut pas oublier que la bouteille champenoise, qui doit résister à une haute pression, exige des qualités particulières : répartition exacte de la pâte, dimensions et capacités rigoureuses, poids réguliers. Un vérificateur se tient à l'entrée du four à recuire qui sommairement veille à ce que l'on ne manutentionne pas inutilement des bouteilles défectueuses. On ne peut donc encore utiliser les transporteurs mécaniques usités en Allemagne, notamment pour les bouteilles communes. Il faut prendre garde également de ne pas mettre les verreries françaises en bouteilles champenoises, en infériorité devant la concurrence étrangère. Elles suffisent à alimenter notre marché, sans qu'il entre, ou du moins ce serait dans des proportions infimes, des bouteilles champenoises étrangères. Nous devons conserver cette situation.

M. LEMIRE. — Est-ce que la douane ne vous protège pas pour les bouteilles champenoises ?

M. GODARD-DESMAREST. — Je ne puis pas vous répondre d'une façon précise sur ce point, mais je crois qu'il y a un faible droit d'entrée sur les bouteilles champenoises ; je n'ai pas envisagé cette question, parce que jusqu'ici l'Allemagne seule importe dans notre pays des quantités relativement faibles de bouteilles champenoises. Je ne vous parlerai de la question qu'au point de vue technique général.

L'ouvrier verrier qui fait la bouteille champenoise et qui doit en produire un certain nombre, qui varie entre sept et huit cents ou onze ou douze cents chopines, est obligé de se trouver dans des conditions de rendement parfaites pour voir son salaire se maintenir ; s'il n'avait pas son gamin habituel, il verrait sa production tomber dans des proportions considérables ; il a donc besoin d'un personnel auquel il soit accoutumé.

Voilà, je crois, Messieurs, les seules exceptions qui doivent être admises ; je dis qu'il n'est pas possible à l'heure actuelle, dans l'industrie du verre, notamment dans celle de la bouteille champenoise, de supprimer le travail de nuit des enfants.

Dans la bouteille ordinaire, la bouteille Saint-Galmier, vous avez des machines qui fabriquent les bouteilles suffisamment bien pour supprimer une partie du personnel ; cependant il faudra toujours des cueilleurs. Il est vrai que, en ce qui concerne ces derniers, on pourrait se contenter d'employer des jeunes gens de 18 ans révolus.

Au point de vue de la gobeletterie, comme je le disais tout à l'heure, il est indiscutable que le travail de nuit doit être supprimé et que les exceptions ne doivent pas être autorisées.

M. Fagnot. — Parfaitement.

M. Godard-Desmarest. — Je connais cependant des gobeleteries qui travaillent encore la nuit.

La Belgique produit spécialement le verre à vitres et accidentellement le flaconnage.

Au point de vue gobeleterie, elle n'a évidemment pas le monopole, mais elle produit très économiquement l'article d'exportation, tant en gobelets qu'en verres de services de table, mais dans certains cas nous pouvons lutter avantageusement avec elle.

Nos verreries du Nord expédient peu en Belgique et ce qui est expédié à destination d'Anvers s'en va au delà des mers.

Nos gobeleteries du Nord peuvent passer leurs marchés elles-mêmes sans passer par des intermédiaires.

Je désire ajouter un mot au sujet d'une question qu'a soulevée M. Fagnot.

Nos usines du Nord n'envoient rien en Belgique pour être vendu; elles envoient directement leurs exportations, à moins que cela ne passe par Anvers, ce qui est une question tout à fait différente. Il ne faut donc pas prendre la Belgique comme centre de vente mondiale, de vente de la verrerie : nos gobeleteries du Nord sont dans une situation assez prospère pour pouvoir se permettre de passer leurs marchés elles-mêmes sans passer par des intermédiaires.

M. Fagnot a pu voir des inscriptions sur des côtés, provenant de conventions particulières; c'est ce qui l'aura frappé et induit en erreur.

Je vous prie de m'excuser, Messieurs, si j'ai abusé de votre attention et si je me suis permis de vous donner quelques idées très générales. Je n'avais pas préparé la question et je vous en ai parlé comme un industriel. J'ajouterai cependant encore un mot, c'est que je suis personnellement complètement partisan de la suppression du travail de nuit; j'en ai poursuivi la réalisation partout où il m'a été possible. En demandant, pour certaines industries dont la suppression pourrait causer la perte, la continuation des dérogations qui ont été prévues auparavant, je demande que ces licences et ces dérogations soient limitées strictement aux industries qui ne pourraient pas lutter sur le marché mondial si ce travail de nuit était radicalement supprimé. Cette réserve faite, je suis entièrement de l'avis de M. l'abbé Lemire.

M. AFTALION. — Je voudrais tout d'abord remercier très vivement M. l'abbé Lemire d'avoir fait adopter par le

Parlement un projet de résolution conforme aux vœux émis par l'Association du Nord pour la protection légale des travailleurs qui est la section du Nord de l'Association française. Mais je voudrais ensuite apporter certaines rectifications à ce qui a été dit ici au sujet de ces vœux émis par notre section du Nord. M. l'abbé Lemire leur fait dire un peu trop et M. Fagnot, pas assez.

M. l'abbé Lemire leur fait dire un peu trop en déclarant que nous demandons au ministre de supprimer par étapes le travail de nuit des enfants. Si, du point de vue spécial où nous nous placions, nous avions pu émettre pareil vœu, ç'aurait été que le problème de la suppression du travail de nuit des enfants était singulièrement près de sa solution et que cette suppression serait très prochainement chose faite. Malheureusement, notre vœu a été nécessairement beaucoup plus modeste. D'autre part, M. Fagnot déforme un peu, en sens contraire, la portée de notre vœu en laissant entendre que notre texte représente pour nous toutes les améliorations réalisables en France par n'importe quelle voie. En réalité, il ne constitue que la réforme réalisable par le pouvoir réglementaire. Nous n'avons pas examiné quelle pouvait être la réforme réalisable par le pouvoir législatif.

Voici en effet quel a été notre point de vue. La loi de 1892, après avoir interdit en principe le travail de nuit des enfants, le tolère exceptionnellement dans les usines à feu continu, mais laisse au pouvoir réglementaire le soin de déterminer les usines et les travaux auxquels s'appliquera l'exception. Or le décret qui énumère ces travaux date de 1893. Cadrant avec la technique de cette époque-là, il nous a semblé qu'il ne cadrait plus avec la technique présente. Si c'était aujourd'hui qu'il s'agissait d'élaborer le décret prévu par la loi, on n'y inscrirait certainement pas toutes les exceptions à l'interdiction du travail de nuit des enfants qu'on avait cru indispensables en 1893. Nous avons précisément demandé aux pouvoirs publics de mettre le décret en conformité avec la technique actuelle. Ce que nous avons réclamé est ce qui nous paraît résulter de la loi de 1892 elle-même, qui limite le travail de nuit aux travaux exceptionnels, indispensables. Nous n'avons pas examiné si la loi de 1892 elle-même ne devait pas être modifiée. Mais, demeurant sur le terrain de l'application de cette loi, nous avons considéré qu'une réforme sans doute modeste, mais susceptible d'être rapidement accomplie sous la forme d'un nouveau décret, était possible. Elle est désirable. Je dirai même plus : elle s'impose au pouvoir réglementaire s'il veut demeurer fidèle à la loi de 1892, et cela à cause des nouvelles conditions techniques de l'industrie.

J'espère que M. l'abbé Lemire, qui a déjà fait adopter notre texte au Parlement comme projet de résolution, continuera à nous prêter son appui pour l'obtention de cette modeste, mais utile réforme. Il a exprimé la crainte que les bureaux ne soient assiégés de réclamations et que nous n'ayons peut-être pas beaucoup de chance d'obtenir bientôt la réalisation de notre vœu. Mais est-il vraiment sûr que par la voie législative ou encore que, par une convention internationale, nous aboutissions plus tôt? J'en doute pour ma part. Aussi, en attendant des réformes plus radicales, peut-être pourrions-nous, en nous appuyant sur le vote de la Chambre et la promesse du ministre, obtenir bientôt au moins ce que demande notre section du Nord. Ce serait peu. Mais ce serait déjà quelque chose.

Ceci dit, j'ajoute que je ne voudrais pas que l'on oppose à toute proposition de loi qui pourrait être déposée sur ce sujet les vœux émis par la section du Nord. Je répète que la section n'a pas discuté la solution législative de la question. Et, par suite, ses vœux ne peuvent pas entrer en opposition avec le vœu que vous pourrez émettre ici aujourd'hui en vous plaçant à un autre point de vue, au point de vue des réformes à réaliser par la voie législative.

M. JAY. — Je voudrais ramener l'assemblée à la proposition de M. l'abbé Lemire ; ce qu'il demande, c'est la suppression radicale, pure et simple, immédiate, des textes qui permettent de faire travailler la nuit les enfants dans les usines à feu continu.

On nous a parlé de modifications, de restrictions à apporter à ces textes. Je n'aurai pas besoin d'élever la voix — il y a des choses qui parlent d'elles-mêmes et qui d'elles-mêmes parlent un langage assez émouvant, — il suffira de vous mettre en face de réalités incontestées pour vous convaincre qu'ici, modifications et restrictions seraient insuffisantes.

Je suis très heureux, quant à moi, que ce débat s'établisse au début de la nouvelle législature. Je ne désespère pas qu'il ait quelque écho au Parlement. Cet écho peut être bienfaisant. On a dit, on a répété et nous avons recueilli ces affirmations avec une ardente espérance, que la nouvelle législature serait une législature de réforme sociale, de développement de la législation sociale. Mais nous savons assez à quelle opposition un pareil développement de la législation sociale se heurtera ; nous savons qu'à l'heure où il essayera de se réaliser, il y aura des gens pour affirmer que nous sommes saturés de législation du travail, que nous n'avons que trop d'inspecteurs, que la seule chose urgente et nécessaire est de donner plus de liberté à l'industrie.

Nous avons pu, ici même, constater combien l'application des lois ouvrières était parfois incertaine, combien étaient peu nombreux, combien étaient mal armés les inspecteurs du travail.

Aujourd'hui, nous avons sous les yeux un exemple saisissant de l'insuffisance de la législation elle-même.

La loi a, en règle générale, interdit le travail de nuit aux enfants de moins de 18 ans; puis, ce principe posé, elle n'a rien trouvé de mieux que de le faire tomber au seuil des usines les plus dangereuses. Cela étant, quelle serait la conséquence des mesures partielles qui nous sont proposées?

Vous réduiriez, c'est vrai, à deux les industries dans lesquelles le travail de nuit des enfants est toléré ; mais les deux, pour lesquelles vous maintiendriez l'exception, occupent dès à présent la très grande majorité des enfants auxquels le travail de nuit est imposé.

Dans la dernière année pour laquelle nous ayons des chiffres, en 1908, il y avait 10.464 enfants occupés la nuit dans les usines à feu continu. Sur ces 10.464 enfants, il y en avait plus de 9.000 dans les usines métallurgiques et les verreries.

Ces industries auxquelles vous ne toucheriez pas, qui vont pouvoir continuer à employer les enfants la nuit, elles comptent au nombre des plus dangereuses et des plus pénibles.

M. PRALON. — Ce n'est pas exact.

M. JAY. — Je vais vous citer des chiffres. Savez-vous combien il y a eu, en 1908, d'accidents du travail déclarés pour 1.000 enfants dans la métallurgie? Il y en a eu 355 sur 1.000.

M. PRALON. — Cela ne prouve rien, parce que ce sont des accidents insignifiants. Je suis un de ces barbares dont vous parlez, mais j'ai le courage de mon opinion.

M. JAY. — Contestez-vous le chiffre que je prends dans le rapport du ministre du Travail au Président de la République sur l'hygiène et la sécurité des travailleurs? Il y a eu 355 enfants sur 1.000 pour lesquels une déclaration d'accident a été faite. Je sais bien qu'un grand nombre de ces accidents ne sont pas des accidents très graves; je crois quand même qu'il y a là la preuve que l'industrie de la métallurgie présente un caractère de danger particulier.

Remarquez que je pourrais dire qu'elle est dangereuse aussi pour les hommes adultes, car pour eux aussi la métallurgie présente un chiffre d'accidents déclarés considérable : il est, en 1908, de 261 pour 1.000.

Je dis qu'une industrie dans laquelle un enfant sur trois est l'objet chaque année d'une déclaration d'accident peut être qualifiée sans exagération d'industrie dangereuse. (*Vifs applaudissements.*)

Je suis convaincu que ce n'est point votre faute. Je vous connais assez — nous avons déjà bien souvent discuté longuement et je crois que cela va recommencer (*Rires*) — pour savoir ce que vous faites pour éviter les accidents. Mais, enfin, vous n'êtes pas encore parvenus à faire que cette industrie ne soit pas dangereuse pour les hommes et pour les enfants. (*Applaudissements.*)

En ce qui concerne les verreries, ai-je besoin d'insister, alors que tous ceux qui ont lu, soit les rapports des inspecteurs, soit les études si saisissantes quelquefois publiées sous des formes diverses, savent combien difficilement on trouve aujourd'hui des enfants qui veuillent entrer dans ces usines.

Malgré la pression du besoin, malgré même l'habitude qu'ils peuvent avoir de cette industrie, les parents refusent de plus en plus de mettre leurs enfants dans les verreries, et nous voyons alors les verriers obligés d'essayer de tous les moyens pour recruter des enfants.

Nous sommes à la veille de revoir, dans les verreries, ce qui se passait au commencement du xixe siècle dans les premières manufactures anglaises. Les premiers manufacturiers anglais n'avaient trouvé d'enfants qu'en s'adressant à l'Assistance publique. L'Assistance publique chez nous, j'en ai peur, a quelquefois aussi donné des enfants aux verreries.

Un auditeur. — Elle en donne encore.

M. Jay. — On m'avait dit que cette pratique était abandonnée.

C'est dans une industrie comme celle-là que, par exception, vous voulez que l'on permette le travail de nuit qui est interdit partout ailleurs aux enfants !

Remarquez qu'il s'agit d'enfants qui peuvent entrer dans ces usines à 13 ans et même exceptionnellement à 12 ans.

Quelles raisons nous donne-t-on pour maintenir de pareils abus ? Des raisons techniques proprement dites, on renonce à nous en donner.

M. Pralon. — Je proteste.

M. Jay. — J'oppose ici les raisons techniques aux raisons économiques. Personne ne peut prétendre, je le crois, du moins ; je n'ai jamais entendu prétendre qu'un homme ne puisse pas, matériellement, techniquement, faire ce que peut faire un enfant. On a pu dire que les enfants seraient plus agiles, soit, mais vous n'allez pas prétendre qu'il y ait une nécessité technique à employer l'enfant à manier des barres d'acier.

M. Pralon — Si.

M. JAY. — N'en faisons plus alors (*vifs applaudisse-ments*), s'il faut sacrifier des enfants. Prétendez-vous vraiment que, matériellement, techniquement, il est physiquement impossible à un homme de faire ce que fait un enfant?

M. PRALON. — Pour certaines choses, oui.

M. JAY. — Reste la question économique, la question de concurrence internationale. Celle-là est plus embarras-sante. Je n'hésiterai pas, cependant, à dire tout de suite ma pensée. Je considère et je prie M. Pralon encore une fois de ne pas se fâcher de mes formules, je suis obligé de les employer parce qu'elles représentent la vérité. Il me paraît très certain qu'employer un enfant de 12 ou 13 ans une nuit sur deux, dans une verrerie ou dans une métallurgie, c'est compromettre la vie ou tout au moins le développement de cet enfant. (*Applaudissements*).

M. PRALON. — Je parle de ce que je connais. Je laisse donc aux verriers le soin de vous répondre pour la verrerie; mais je vous assure que, dans la métallurgie, cela ne compromet pas leur santé; nous avons beaucoup de très vieux ouvriers qui ont débuté chez nous par le travail que l'on fait faire actuellement aux enfants.

Monsieur Jay, vous allez trop loin.

M. JAY. — Lorsque la question a été soulevée à Genève et à Lucerne, nous avons rencontré une vive opposition. Je disais alors : « Il y a ici des pères de famille; il y a ici des mères de famille ; s'il y a une mère ou un père qui, même pour sauver l'industrie nationale, donnerait son enfant à une usine métallurgique, à une verrerie pour qu'on l'emploie une nuit sur deux, qu'il lève la main ! » (*Applaudissements*.)

C'est parce que ces enfants n'ont pas de défenseurs,

c'est parce que ce sont des enfants abandonnés que nous les condamnons à un pareil travail, dans un pays comme la France ! Je crois que M. l'abbé Lemire est sur le bon terrain.

Je dis que rien, qu'aucune question technique, qu'aucune considération pécuniaire ne peut valoir en faveur du maintien d'un pareil abus. Je dis que nous n'avons pas le droit, en France, dans un pays qui passe pour généreux, de tolérer plus longtemps la présence dans les usines, à l'âge que je vous ai indiqué, d'enfants qui travaillent une nuit sur deux (*Applaudissements prolongés*).

Il y a des industries qui se trouvent déjà, pour des raisons diverses, dans une situation difficile en face de la concurrence étrangère. On a su les protéger, on a su les défendre, on a employé pour cela les droits de douane; par les primes, on leur a quelquefois donné des subventions directes. On donne de ces primes à la marine marchande, à la sériciculture, à la filature, etc. J'estime que si, vraiment, après une enquête consciencieusement faite, on considérait que l'intérêt national est en jeu, que l'existence des usines métallurgiques, des verreries peut être compromise par la suppresion du travail de nuit des enfants...

M. FAGNOT. — Il y en a 7 ou 8 %.

M. JAY. — Je ne peux pas examiner quelle serait la dépense supplémentaire résultant de cette suppression. Il est probable qu'elle serait très limitée.

Si elle était encore trop lourde, le Parlement a le moyen de la rendre tolérable. (*Applaudissements*).

M. VASSEUR. — Messieurs, vous m'excuserez de prendre la parole. Je ne suis pas un orateur comme les personnes qui m'ont précédé à la tribune, je suis secrétaire du Syndicat des verriers de la Seine. J'ai débuté tout jeune en verrerie et je vous garantis que j'en ai vu de toutes sortes dans les verreries.

J'ai entendu M. Fagnot nous parler de la concurrence, mais je ne suis pas bien certain que cette observation peut avoir de l'importance. Il existe encore malheureusement quelques industriels obstinés qui persistent à maintenir le travail de nuit des enfants. Je prouverai, quand on voudra, que ce que je dis est la vérité et, si cela se passe, c'est parce que l'inspecteur de nuit n'a pas le droit de rentrer dans les usines la nuit. C'est dans ces usines que les enfants qui, généralement, n'ont pas l'âge légal pour travailler travaillent.

Un auditeur. — Pardon, les inspecteurs du travail peuvent pénétrer la nuit dans les usines.

M. Vasseur. — On les en empêche bien.

Quant au point de vue hygiénique, l'hygiène n'est pas respectée aux verreries ; il n'y a pas de réfectoire. C'est très joli, dans un livre, de lire : « Les réfectoires sont obligatoires ». Dans les usines où il se répand des poussières toxiques, il n'existe pas de réfectoire ; dans les verreries, les ouvriers sont forcés de prendre leurs repas la nuit, à l'usine, au milieu des ateliers.

En ce qui concerne le manque d'enfants en verrerie, nous sommes organisés, nous sommes syndiqués, nous n'avons pas reculé, au nom de l'humanité, en nous adjoignant une fatigue supérieure, à déclarer que nous voulions supprimer le travail de nuit pour les enfants, pour un gamin, un tendeur de moule, qui a continuellement les pieds dans l'eau, qui est assis par terre accroupi, ayant la poitrine constamment sur les genoux.

A la Plaine-Saint-Denis, par exemple, vous avez des enfants qui ont à transporter 1,400 bouteilles par jour ;

ils sont en général deux pour faire ce trajet qui compte parfois de 25 à 35 mètres et ils ne prennent qu'une seule bouteille à la fois. Comme les ouvriers sont surmenés, ils prennent parfois de l'alcool et si, par malheur, un enfant casse une bouteille, ils se laissent aller à le frapper. On parle bien des mauvais traitements que font subir les ouvriers aux enfants, mais on ne tient pas compte du surmenage de l'ouvrier, surtout pendant les grandes chaleurs.

J'ai travaillé dans une usine à Arques, dans le Pas-de-Calais, j'y ai vu des choses scandaleuses; des enfants ayant été placés par les soins de l'abbé Santol, ils y sont pire que des prisonniers. On leur lit leurs lettres à l'arrivée; lorsqu'ils écrivent à leurs parents, une fois par mois, il faut qu'ils donnent leur lettre à lire à l'administration; le samedi soir, ils sont forcés de passer la nuit jusqu'au dimanche matin, ce qui représente dix heures de travail, et le dimanche matin, ils doivent aller à la messe. S'il y en a un qui s'endort pendant la messe, il perd son dimanche, c'est-à-dire 0 fr. 25.

Croyez-vous que la suppression du travail de nuit ne devrait pas être obligatoire dans un pays comme la France, où l'on veut paraître, aux yeux du monde entier, un peuple humanitaire? Je ne suis pas du même parti que M. Lemire, mais, pour la cause humanitaire, à laquelle je suis profondément dévoué, il y a une haute et exceptionnelle question qui se pose et, pour permettre à M. Lemire de mener à bien sa tâche, je suis à sa disposition pour prouver, dès ce soir, s'il le faut, qu'il y a des enfants qui n'ont pas 13 ans et qui travaillent dans les verreries où l'on maintient le travail de nuit. (*Applaudissements*).

M. LEBRUN. — Tout le monde est d'accord avec

M. l'abbé Lemire ; les ouvriers et les industriels pensent que la suppression du travail de nuit est nécessaire. Il a envisagé différents moyens permettant d'arriver à cette suppression. Le premier de ces moyens consisterait d'après lui à provoquer un nouveau règlement d'administration publique dans lequel on réduirait entièrement ou on diminuerait tout au moins le nombre d'industries pour lesquelles on permettrait d'effectuer les travaux la nuit. Cette thèse était également soutenue par M. Afta-lion, je crois. Mais je dirai — c'est une opinion qui m'est tout à fait personnelle — que je crois qu'il serait assez difficile d'agir de la sorte et voici pourquoi. Dans les travaux préparatoires de la loi du 2 novembre 1892, qui a établi les principes de l'article 6, nous disant que néanmoins dans les usines à feu continu, les enfants, les femmes pourront être tolérés à travailler la nuit dans les travaux préparatoires ; dans la discussion qui a eu lieu au Parlement, on a donné la liste des usines qui devraient être considérées comme des usines à feu continu et je crois qu'il serait bien difficile aux pouvoirs publics de pouvoir d'eux-mêmes aller à l'encontre, sinon d'une décision prise par la Chambre, mais des documents qui sont intervenus à ce moment-là. Si les documents ne lient pas le pouvoir réglementaire, c'est tout au moins une indication qui doit être suivie à certains moments ; mais je tiens à vous dire que ce n'est qu'une opinion personnelle que je voulais vous faire connaître.

Je vais passer aux autres moyens dont nous a parlé M. Lemire.

Un de ces moyens consisterait à demander, par voie législative, la suppression complète de tout travail de nuit et il nous a fait connaître qu'un de ses collègues de la Chambre, M. Godart, demandait au préalable...

M. Lemire. — Pas au préalable, simultanément.

M. Lebrun. — ..... une conférence internationale permettant d'étudier les conditions techniques et de voir quelles suppressions il serait possible de faire pour le moment. Le vœu de M. l'abbé Lemire est de tenir compte de la proposition très juste formulée par M. Godart.

Il résulte des travaux faits par la section du Nord, que six des industries sur huit ne nécessitent pas le travail de nuit des enfants. Par conséquent, d'ores et déjà, on pourrait par voie législative obtenir l'interdiction du travail de nuit des enfants dans ces industries.

Pour les deux autres industries qui restent, et après les explications données par M. Fagnot, après les explications données par une personne très compétente en matière de verrerie, il semble difficile de demander immédiatement la suppression du travail de nuit des enfants, car, en dehors de la question économique, il y a également une question d'apprentissage. On me répondra ceci : « On pourra former les apprentis par le travail de jour, » seulement il faudra une organisation nouvelle du travail, une organisation que l'on pourra tenter, à laquelle on pourra arriver, mais en tout cas que l'on ne pourra faire immédiatement.

Il faut tenir compte, Messieurs, de ces circonstances, mais on pourrait, d'ores et déjà, demander la suppression du travail de nuit pour les enfants, pour les six industries sur lesquelles les observations ne se sont pas formulées. Pour les deux autres, la question pourrait être étudiée, l'Association pourrait prendre part à la conférence internationale que l'on propose et nous pourrions arriver en disant : « Nous avons réalisé une partie du programme, l'interdiction du travail de nuit existe en France dans telle et telle industrie. » La France serait de cette façon plus écoutée et l'on pourrait arriver au résultat final que tout le monde désire.

M. Pralon. — Messieurs, je suis venu ici sur votre invitation. Je ne fais pas partie de votre Association, mais, comme je me suis trouvé libre aujourd'hui, j'ai voulu en profiter pour répondre à votre aimable appel, parce que, si je sais que votre Association est animée d'excellentes intentions, je sais aussi qu'il n'y a pas chez vous beaucoup d'industriels, même dans cette section de Lille dont j'entends si souvent parler depuis une heure que je suis ici. Je me suis en effet amusé quelquefois à regarder sa constitution et les personnes qui en font partie. J'ai vu que, le plus souvent, c'était des inspecteurs du travail, des professeurs.

M. Lemire. — Même des curés.

M. Pralon. — Même des curés, en effet.

M. Pralon. — ..... Toutes personnes que j'estime et que je respecte.

Un auditeur. — Il y a aussi des pères de famille.

M. Pralon. — Etre père de famille, cela ne donne pas une compétence particulière dans des questions techniques et industrielles parfois fort délicates.

M. Motteau. — Je vous répondrai tout à l'heure.

M. Pralon. — J'ai donc pensé que je devais saisir cette occasion et venir ; les industriels, ces barbares, sont en général très occupés, ils n'ont pas souvent le temps d'aller dans les réunions des associations, ils ont un métier qui les empêche de courir les conférences et les congrès ; ainsi, même invité, je n'aurais pas pu aller à Lucerne. C'est pour cela probablement que vous ne comptez pas beaucoup d'industriels parmi vous, et que j'ai remarqué que vous comptiez surtout des amateurs qui réforment le monde aux dépens d'autrui.

M. JAY. — En tout cas, pas aux dépens des enfants.

M. PRALON. — Il est toujours facile de dire qu'un problème est aisé à résoudre quand on parle pour le voisin. J'ai donc pensé que, pour une fois que j'étais libre, je devais faire entendre, dans votre milieu, la voix d'un véritable industriel.

En ce qui concerne le travail de nuit, mon Dieu oui, c'est comme beaucoup, comme trop de choses dans ce monde, un mal, je suis de votre avis ; mais peut-on, parce que c'est un mal, le supprimer radicalement et tout de suite ? Ce serait vraiment trop commode ; il y a bien d'autres maux qui existent et dont nous désirerions tous la disparition et que, cependant, nous n'avons pas la possibilité de supprimer. Il y en a même qui seraient bien plus faciles à supprimer que le travail de nuit et sur lesquels l'accord devrait se faire plus vite. Ne parlons, si vous voulez, que de la réglementation des cabarets, qui sont plus nuisibles que les pires usines et, cependant, devant l'opposition des marchands de vins, tout le monde cède. Il est vrai que je suis bien hardi de comparer un industriel à un cabaretier, dont l'importance électorale est si grande.

Cependant, pour que vous ne me croyiez pas tout à fait méchant, je vais vous dire ce qui se fait dans la Société à laquelle j'ai l'honneur d'appartenir. Cela vous prouvera que, du moins, nous faisons tout ce que nous pouvons. Quoique nous ayons le malheur d'être métallurgistes et de tuer et de blesser beaucoup de monde, comme vous l'a dit M. Jay, nous sommes d'avis que le travail de nuit est un mal et nous le supprimons, dans notre Société, partout où nous pouvons le faire, non seulement pour les enfants, mais pour les adultes. Je crois même que nous sommes une des rares sociétés métallurgistes de France et même d'ailleurs qui profite d'une organisation et de circonstances techniques que je vous demanderai de ne pas développer, pour arrêter, presque tous les gros travaux de laminage et ceux de l'aciérie Thomas la nuit, de sorte que l'on n'y travaille que le jour dans plus de la moitié de nos services. L'inspection du travail nous a cherché querelle, il y a quelque temps, pour un certain travail accessoire des hauts-fourneaux, pour lequel elle prétendait tout à coup que nous n'avions pas le droit de faire travailler des enfants la nuit, d'après le décret. Or, ce droit qu'on nous contestait après l'avoir reconnu pendant plus de trente ans, il a été prouvé par l'arrêt du tribunal que nous l'avions bien. Je ne cite ce fait que pour pouvoir ajouter que l'on nous a fait ce procès juste au moment où, de nous-mêmes, sans aucune incitation extérieure et poussés par le désir que nous avons de supprimer le travail de nuit partout où cela est possible, nous venions de commencer des études et d'engager une très grosse dépense pour un doublement d'atelier et un changement complet d'outillage, devant aboutir à ce résultat.

Permettez-moi donc de dire, sans entrer dans des développements techniques, que je croirais déplacés ici, puisque sans doute nous ne pourrions les discuter utilement, vu la composition de cette assemblée, permettez-moi de dire que, lorsque des gens ont prouvé de leur bonne volonté par des efforts et des dépenses aussi considérables que les nôtres, lorsqu'ils ont ainsi montré, non par des paroles ou des réglementations s'adressant à d'autres qu'à eux, mais par leurs propres actes et à leurs propres dépens, leur véritable et agissant désir de supprimer le travail de nuit, partout où cela est pratiquement possible, ils ont bien le droit, quand ils viennent vous dire que, pour certains travaux, cette suppression n'est actuellement pas possible, d'être écoutés avec un peu plus d'attention et de demander qu'il soit tenu un peu plus compte de ce qu'ils disent qu'on ne le fait d'ordinaire ici. Nous n'avons pas la science infinie que peuvent avoir les professeurs et nous n'oserions parler d'autres métiers que les nôtres. Ainsi je ne connais pas du tout les verreries, je serais bien surpris qu'il s'y passe couramment les choses épouvantables dont on vient de vous faire le récit ; mais, laissant aux verriers le soin d'en parler, je puis vous dire que ces choses ne se passent pas chez nous et que les enfants n'y ont point un sort misérable. En ce qui concerne les accidents, peut-être y a-t-il quelque confusion dans la statistique citée par M. Jay. On appelle métallurgie toutes sortes de choses qui ne sont pas, à notre sens, de la métallurgie.

M. JAY. — Il est possible qu'il n'y ait pas concordance complète entre les deux statistiques.

M. PRALON. — Sur un autre point, je répondrai à M. Fagnot, que j'ai vu avec plaisir être beaucoup plus modéré, plus près de la pratique, parce qu'il a eu plus de contact avec l'industrie. En ce qui concerne le travail des enfants la nuit, nous prenons, et je crois qu'il en est de même chez la plupart de mes confrères, des précautions de toute sorte pour que le travail de nuit soit aussi peu dangereux que possible. Il ne faut pas croire que nous tuons de travail les enfants que nous employons la nuit et l'expression « d'industrie à feu continu » vous effraie peut-être à tort, car ce n'est pas le travail qui est continu, c'est le feu. Le travail est, au contraire, essentiellement discontinu, intermittent, de sorte qu'ils ne travaillent ni la nuit ni le jour d'une façon excessive ;

lorsque l'on parcourt nos usines, on y voit même parfois des gens qui dorment parce qu'ils sont dans la période d'inactivité ; ils attendent que la marmite soit à point pour travailler le métal.

Pour les enfants, là où il y a une trop grande activité et où l'on risquerait de les faire travailler un peu trop souvent, malgré les intermittences obligatoires, nous en avons plus qu'il n'est strictement nécessaire, de telle façon que, par remplacement, on assure leur repos. Les enfants ne sont d'ailleurs occupés qu'à des emplois exigeant un très petit effort physique. Aussi, je vous le répète, et il est facile de le constater en visitant nos usines, Messieurs, nous ne tuons pas les enfants. Nous avons le plaisir d'avoir dans nos usines une grande quantité d'ouvriers qui sont des enfants de l'usine, qui ont passé par le travail de nuit, puisqu'il était impossible à éviter, et qui arrivent à avoir la médaille des trente ans de service en parfaite santé. Nous ne pouvons pas, je crois être en droit après cela de le dire, quoi que vous en pensiez et quelle que soit notre bonne volonté, supprimer entièrement le travail de nuit pour les enfants. Il n'y aurait qu'une solution radicale, ce serait de le supprimer pour tout le monde, adultes et enfants ; mais, si vous enleviez les 7 % d'enfants qui sont dans les équipes, vous arrêteriez complètement les équipes ; car elles-mêmes se composent de gens qui font des choses différentes, mais qui forment un tout complet, dont on ne peut supprimer une partie.

Quant à établir un système par lequel on aurait des enfants le jour et des hommes la nuit, cela peut peut-être se faire sur le papier, mais pas en réalité. Il faut, comme je viens de le dire, arriver à supprimer le travail de nuit pour tout le monde. Voilà à quoi vous aboutiriez et vous savez que cela est absolument impossible pour certains appareils.

En ce qui concerne les laminoirs, je ne serai peut-être pas aussi affirmatif, puisque pour certains d'entre eux nous y avons réussi; mais, s'il fallait étendre cet arrêt de nuit à toutes les variétés de laminoirs, je pense que cela entraînerait une si grande diminution de la production, occasionnerait des frais si considérables, puisqu'il faudrait tenir le feu allumé pour ne rien faire, que cela nous mettrait parfois en face de difficultés techniques si grandes, ainsi qu'en présence d'un si grave problème économique, que nous ne pourrions pas espérer nous en tirer à moins d'une entente internationale. Sans cela, je crois que c'est, pour beaucoup de nos fabrications, la mort sans phase. Il ne faut pas croire que les droits de douane, qui n'ont d'ailleurs pas été relevés pour l'immense majorité de nos produits, suffiraient à nous défendre à l'intérieur ; d'autre part, la métallurgie est une industrie qui fait, depuis quelque temps, pas mal d'exportation ; ce serait donc pour nous une véritable ruine, qui, je crois, ne profiterait pas à nos ouvriers et à leurs enfants.

M. JAY. — J'ai proposé que l'on donne des primes.

M. PRALON. — On ne nous les donnera pas. Je tiens, en outre, à faire remarquer à M. Jay qu'il n'est pas exact de dire que nos ouvriers, dans les ateliers où nous avons dû conserver le travail de nuit, travaillent une nuit sur deux. Chez nous, bien que nous soyons toujours des barbares, au lieu d'arrêter le laminage vingt-quatre heures, nous l'arrêtons trente-six heures par semaine ; nous arrêtons du samedi, à 6 heures du soir, au lundi, à 6 heures du matin. De sorte que, la semaine où l'on est de nuit on ne passe que cinq nuits au lieu de six, puisque l'on ne travaille ni la nuit de samedi ni la nuit de dimanche au lundi. Nous faisons tomber les feux le samedi soir et l'on ne les rallume que dans la nuit du dimanche au lundi, afin de pouvoir travailler le lundi matin. Vous voyez donc que nos ouvriers n'ont que cinq nuits sur quatorze, ce qui ne représente pas une nuit sur deux, mais à peine un peu plus de une sur trois.

Ceci vous montre donc encore une fois, Messieurs, que nous faisons de gros efforts, mais ne nous demandez pas l'impossible. Or, c'est nous demander l'impossible que de vouloir nous faire supprimer radicalement le travail de nuit. Si la suppression de l'industrie métallurgique n'a aucun intérêt, comme l'a dit M. Jay...

M. JAY. — Je n'ai pas dit cela.

M. PRALON. — Je vous demande pardon, vous l'avez dit.

M. JAY. — J'ai dit qu'il valait mieux sauver la vie des enfants tout d'abord.

M. PRALON. — Vous dramatisez les choses ; la vie des enfants ne serait en jeu que si on leur faisait faire ce que l'on vous a dit qu'ils faisaient. En tous cas, je puis vous déclarer que chez nous on ne leur fait pas faire de choses aussi dangereuses. Maintenant, si vous trouviez un moyen de supprimer pratiquement le travail de nuit, je serais d'accord avec vous, mais je crois que vous ne le trouverez pas.

M. FAGNOT. — Je voudrais adresser une question à M. Pralon, puisque nous avons la chance de l'avoir parmi nous. Je voudrais lui demander — sans qu'il se croit, d'ailleurs, obligé de répondre, s'il y voit un inconvénient — je voudrais lui demander s'il pense, en ce qui concerne les marteaux-pilons, qu'il serait possible de remplacer les enfants la nuit par des hommes, sans désorganiser l'usine.

M. PRALON. — Il n'y a pas une impossibilité théorique absolue, mais cela aurait des conséquences fâcheuses qui aboutissent à une impossibilité pratique dans bien des cas. Il faudrait d'abord préciser de quel genre de marteau-pilon vous voulez parler, parce que bien souvent on croit parler de la même chose et l'on parle de choses tout à fait différentes.

M. FAGNOT. — Il s'agit des marteaux à faible puissance.

M. PRALON. — Il s'agit donc de pilons cingleurs, de pilons puddleurs, qui servent à serrer la loupe de fer avant de l'envoyer au laminoir, est-ce bien de cela dont il s'agit ?

M. FAGNOT. — Parfaitement.

M. PRALON. — C'est un poste que l'on réserve aux enfants, parce que c'est un très bon poste d'apprentissage, c'est là seulement que l'enfant peut apprendre le métier de pilonnier. Il y a toujours au pilon un enfant et un homme : l'enfant, sur l'indication de l'homme, tire la ficelle. Ce geste exige un effort de quelques grammes, insignifiant, presque pratiquement nul, car il ne fait qu'ouvrir l'entrée de la vapeur et la fermer ; cette manœuvre s'accomplit sur l'indication de l'ouvrier marteleur. Une fois que l'enfant est grand, il prend la place du pilonneur et, à son tour, on lui donne un aide. Je ne vois pas bien comment nous pourrons apprendre le métier au pilonneur si nous ne le mettons pas, dès son jeune âge, au pilon ; si vous voulez retarder son apprentissage jusqu'à 18 ans, c'est une autre question.

M. FAGNOT. — Non, non.

M. PRALON. — Nous en ferions des petits apaches, comme tant d'autres, chassés des ateliers par une réglementation qui devait les protéger.

Si l'enfant ne travaille que le jour, la nuit il faudra confier ce poste à un homme. Or, le travail qui lui sera demandé est, comme je viens de le montrer, absolument insignifiant et vous ne trouverez pas d'hommes qui veuillent le faire. Vous vous heurterez à une question d'amour-propre, vous ne trouverez pas d'hommes, même en les payant, ce n'est pas une question d'argent...

M. FAGNOT. — Je comprends très bien ce sentiment.

M. MOTTEAU. — Vous pourriez très bien arriver à supprimer le travail de nuit par une bonne organisation.

M. PRALON. — Si vous me le prouviez, je serais d'accord avec vous.

Voulez-vous me permettre d'ajouter encore un mot au sujet du travail en trois équipes dont a parlé tout à l'heure M. l'abbé Lemire et dont a parlé aussi M. Fagnot?

Je crois que ce n'est pas une solution, parce qu'il sera très difficile d'organiser les équipes pour avoir une équipe sans enfants et deux équipes avec des enfants. Je crois que cela sera aussi difficile que d'avoir, à l'heure actuelle, une équipe sans enfants et une avec enfants.

En outre, pour arriver à ce résultat, il faudrait avoir des ouvriers en plus grand nombre. Or, vous savez qu'actuellement en France c'est précisément la main-d'œuvre qui fait défaut.

M. l'abbé Lemire. — Je ne crois pas qu'il en soit ainsi dans ma région.

M. Pralon. — Il faudrait 50 % d'ouvriers en plus et, en raison de la baisse de la natalité en France, je crois qu'il serait très difficile de maintenir notre personnel au complet.

M. Lemire. — Ce sont des questions locales. Chez nous, par exemple, les ouvriers sont très abondants ; je parle du voisinage d'Isbergue.

M. Pralon. — Je suis de Denain, nous avons essayé d'aller en recruter dans votre région, mais ils ne veulent pas venir, et d'ailleurs la pénurie de main-d'œuvre est très générale.

M. Motteau. — Je commencerai par féliciter M. l'abbé Lemire de l'initiative qu'il a prise pour la protection des enfants. Nous sommes étonnés qu'en France, actuellement, il y ait encore des enfants particulièrement déshérités. Nous ne comprenons pas que l'on protège les enfants en nourrice : car, dans chaque commune, en effet, il y a une commission nommée, sous la surveillance du maire, qui est chargée de surveiller les enfants et de s'assurer de la condition d'hygiène dans laquelle on les élève. Or, quand ces enfants sortent de l'école, à 13 ans, ils sont magnifiques, ils ont une santé excellente ; mais, à 14 ans, on les met dans les usines, on les met aux laminoirs, au marteau-pilon, près des fours, dans la fumée, au milieu de serpentins qui tournent autour d'eux, ils sont au milieu de l'eau, du feu et, au bout de six mois, ces enfants ont les traits tirés, ils sont blêmes, leur bouche démontre déjà la souffrance. Ce n'est pas tout, quand ces enfants s'en vont le matin, ils ne rentrent pas chez eux, ils traînent, ils ont des mauvais conseils, on leur donne de mauvais livres, on leur dit de ne pas écouter leurs parents, leurs instituteurs, les prêtres ou leurs patrons.

On me répondra que, si on supprimait le travail de nuit, il n'y aurait plus d'apprentissage possible ; la solution est trouvée ; au lieu de mettre 5 enfants qui produisent peu, parce qu'ils n'ont pas l'âge de travailler, si, au lieu de mettre ces 5 enfants, vous mettiez 3 jeunes gens à 2 francs, ils produiraient davantage et ils ne feraient pas de déchets...

M. Pralon. — Ce n'est pas sérieux, ce que vous nous proposez ; cela prouve que vous ne connaissez pas les laminoirs.

M. Motteau. — Pardon, je suis lamineur moi-même. (*Bruit.*)

M. Pralon. — Permettez-moi, puisque vous êtes un de mes rares confrères que je n'ai pas l'honneur de connaître, de vous demander de préciser quelle sorte de laminage vous faites.

M. Motteau. — Celui des blooms et billettes et celui de la machine.

M. Pralon. — Nous n'avons pas de train laminoir pour la machine, mais nous avons, à Denain, un des trains à blooms et à billettes, *et à ceux-là, ni hommes, ni enfants ne travaillent la nuit, ils ne marchent que le jour.*

M. Motteau. — Enfin, je suis patron. Est-ce que vous voyez les patrons mettre leurs enfants laminer ? Non, parce qu'ils auraient peur de les faire mourir. Dans ces conditions, pourquoi faire mourir les autres ? (*Applaudissements.*)

Si nous ne voulons pas mettre nos enfants dans ces

usines, pourquoi y mettre alors les enfants des ouvriers, qui deviennent chétifs et qui tombent malades. (*Applaudissements.*)

M. l'abbé LEMIRE. — Je vais vous donner connaissance du vœu que je propose ; et je résume les considérations qui militent en sa faveur.

Il est très difficile de distinguer entre les travaux accessoires et les travaux principaux, entre les travaux permis et les travaux défendus.

L'intérêt public demande qu'on ne permette point à des gens peu scrupuleux de profiter de la porte ouverte que leur laisse la loi, pour y faire passer des travaux défendus. (*Applaudissements.*)

Les industriels qui se font remarquer par leurs innovations humanitaires et qui suppriment de leur plein gré le travail de nuit des enfants, sont victimes de la concurrence de leurs voisins ; il faut que la loi se hâte de les protéger.

Il paraît démontré, d'après les observations mêmes de M. Aftalion et de M. Fagnot, que si la loi prend une initiative comme celle que je l'invite à prendre, elle provoquera ou bien l'emploi de la main-d'œuvre virile, ou bien des inventions subtiles et ingénieuses, ou bien une meilleure organisation du travail. Finalement, l'intérêt industriel sera d'accord avec l'humanité.

Je vous propose donc le vœu suivant :

Considérant que le travail de nuit des enfants dans les usines à feu continu est universellement considéré comme un mal et un danger ;

Que, même limité de toutes façons, il entraîne des abus scandaleux qu'aucune inspection ne peut réprimer ;

Que, d'autre part, toutes les difficultés signalées, au

point de vue technique ou économique, peuvent être résolues;

Que ce serait l'honneur de la France de supprimer radicalement ce travail dangereux et inhumain et de préparer ainsi une législation internationale,

L'Association française pour la protection légale des travailleurs

Demande au Parlement de voter sans retard la proposition de loi déposée par M. Lemire le 18 février 1910 et reprise par lui le 9 juin dernier.

M. LE PRÉSIDENT. — Je vais mettre le vœu aux voix en bloc. Que ceux qui sont pour lèvent la main ? Avis contraire ? Personne.

M. PRALON. — Naturellement, je ne vote pas, puisque je ne fais pas partie de votre Association.

L'ordre du jour est adopté à l'unanimité des votants.

ASSOCIATION INTERNATIONALE

POUR

LA PROTECTION LÉGALE DES TRAVAILLEURS

2, Rebgasse, Bâle (Suisse)

Liste des ouvrages publiés depuis sa constitution

Compte rendu de l'Assemblée constitutive tenue à Bâle les 27 et 28 septembre 1901. — 1 vol., 270 p., Paris, Le Soudier, éditeur.

Compte rendu de la 2e Assemblée générale du Comité de l'Association internationale tenue à Cologne les 26 et 27 septembre 1902. — 1 vol., 82 p., Paris, Le Soudier, éditeur.

Les industries insalubres. — 1 vol., 460 p., Paris, 1903, Le Soudier, éditeur.

Le travail de nuit des femmes dans l'industrie. — 1 vol., 384 p., Paris, 1903, Le Soudier, éditeur.

Bulletin de l'Office international du travail (tome I, année 1902; tome II, année 1903). — Paris, Le Soudier, éditeur.

(Paraît à partir de 1904 chez Berger-Levrault, *Nancy et Paris)*

Orléans. — Imp. Auguste Gout & Cie.

TROISIÈME SÉRIE (Suite)

VIII. *La grève et l'organisation ouvrière.* — Communication de M. A. MILLERAND, président de l'Association.

Chaque brochure : 0 fr. 60.

L'ensemble de ces brochures forme un volume de 3 fr. 50 sous le titre :

LA PROTECTION LÉGALE DES TRAVAILLEURS
Troisième série (1905-1906).

Rapports présentés à l'Assemblée de Genève (1906) par la Section française

Le travail de nuit des adolescents dans l'industrie française. — Rapport de M. MARTIN-SAINT-LÉON. — Brochure, 0 fr. 60.

Les poisons industriels. — Rapport de M. Georges ALFASSA. — Brochure, 0 fr. 60.

L'assurance ouvrière et les ouvriers étrangers. — Rapport de M. Henri BARRAULT. Brochure, 0 fr. 10.

La limitation légale de la journée de travail en France. — Rapport de M. Raoul JAY. Brochure, 0 fr. 60.

Le travail à domicile en France. — Rapport de MM. Paul Pic et A. AMIEUX. — Br., 0 fr. 30.

QUATRIÈME SÉRIE

LE CONTRAT DE TRAVAIL (Examen du projet de loi du Gouvernement). — Rapports de M. PERREAU, professeur à la Faculté de Droit de Paris, et de M. FAGNOT, enquêteur au ministère du Travail. — 1 volume, 3 fr. 50.

Rapports présentés au Congrès de Lucerne (1908) par la Section française

Le travail de nuit des enfants dans les usines à feu continu. — Rapport de M. F. FAGNOT.

Le travail industriel des enfants. — Rapport de M. Georges ALFASSA.

La réalisation de l'égalité entre nationaux et étrangers. — Rapport de M. A. BOISSARD.

Chaque brochure : 0 fr. 60.

CINQUIÈME SÉRIE

I. et II. *La Conciliation dans les conflits collectifs et les travaux de la section du Nord de l'Association.* — Rapport de M. AFTALION. — *La loi du 7 mars 1850 et le Mesurage du travail à la tâche.* — Rapport de M. Ad. BOISSARD. — Brochure, 1 fr. 20.

III. *Le Contrat de travail et le Code civil.* — Rapports de MM. PERREAU et GROUSSIER. — 1 volume, 3 fr. 50.

IV. *La Réforme de l'inspection du travail en France.* — Rapport de M. Eugène PETIT. — 1 volume, 3 fr. 50.

V. *Collaboration des ouvriers organisés à l'œuvre de l'inspection du travail.* — Rapport de M. Henri LORIN. — 1 volume, 3 fr. 50.

VI. *Les Accidents du Travail dans l'Agriculture.* — Rapport de M. Henri CAPITANT. — 1 volume, 3 fr. 50.

SIXIÈME SÉRIE

I. *Les Problèmes du Chômage.* — Rapport de MM. F. FAGNOT, Max LAZARD, Louis VARLEZ. — 1 volume, 3 fr. 50.

II. *La Réforme de la Procédure de la Mise en Demeure.* — Rapport de M. E. BRIAT. — 1 volume, 3 fr. 50.

III. *Le Travail de Nuit dans les Boulangeries.* — Rapport de M. Justin GODART. — 1 volume, 1 fr. 25.

Ces publications sont servies aux membres de l'Association.

L'Association nationale française examine et discute dans ses réunions périodiques les questions de législation du travail à l'ordre du jour. Elle publie le compte rendu de ses discussions.

Sont membres de l'Association les personnes et les sociétés qui considèrent la législation protectrice des travailleurs comme nécessaire et adhèrent aux statuts de l'Association.

La cotisation annuelle est fixée à 10 francs. Elle est réduite à 3 francs pour les personnes ou les sociétés qui ne demandent pas à recevoir les publications de l'Office international.

Les adhésions sont reçues par le trésorier de l'Association : M. Léon DE SEILHAC, délégué permanent du Musée social, 5, rue Las-Cases.

ORLÉANS. — IMP. AUGUSTE GOUT & Cⁱᵉ